いのちの問答

〝あなた〟に届けたい話のお布施

はじめに

私は、縁《えん》あって、自死（自殺）という〝いのち〟の問題にかかわるようになりました。自ら死んでしまいたいと思い悩んでいる人や、大切な人を自死で亡くしてしまった人に接する中で、いろいろなことを教えていただきました。

実に多くの人が、悩んでいることを打ち明けにくいと感じていること、そして、泣きたいほど悲しいのに悲しんではいけないと思わされていることに、とても驚きました。

私も、自分のことを振り返ってみると、弱音を言ってはいけない、人に迷惑をかけてはいけないと聞かされて生きてきた気がします。それが当たり前だと思い込んでいたのですが、あるとき、本当にそれでいいのだろうかと疑問に思うようになりました。耐えられないほど苦しいときに、「今は苦しい」と弱音を言ってもいいんじゃないか、つらいときにはゆっくり休ませてもらってもいいんじゃないか、悲しいときはとことん泣いて、心ゆくまで悲しんでもいいんじゃないか――ときと場合によっては、そういうことが必要だと思えるようになりました。

そう思えるようになったきっかけは、いろいろな方とお話させていただいた中での〝気づき〟です。ある方はしばらくして見違えるほど回復し、また、ある方はなかなかその苦しそうな状況から抜け出せないでいるといったことがありました。どうやら、そのつらい気持ちを抱え込んだままでいるかいないかで、大きな違いがあるとわかってきたのです。

もう少し整理してみると、苦しい状況からなかなか抜け出せないでいる人の多くは、悩むこと自体をいけないと感じ、焦《あせ》っているように思えました。逆に言えば、誰かに悩みを打ち明けることまでしなくても、自分で悩みに向き合い、ゆっくりと考える時間を持ちさえすれば、やがてもう一度立ち上がろうという気力がわき起こり、前に進むための新しい〝気づき〟をきっと得ることになるだろうと思えたのです。

ただ、そのためには考え方の〝ヒント〟があった方がいいでしょう。ひとりで考えていると堂々巡りになってしまうかもしれませんし、新しい〝気づき〟を得るまでに時間がかかりすぎるかもしれないからです。

今、私にできることは、〝話のお布施〟をすることです。『お布施』というのは、自分の持っているものを気持ちよく差し出すことを言います。

もしも〝あなた〟が今、生きづらいと感じているのならば、本書を手に取り心穏やかに過ごすための〝ヒント〟を見つけてもらいたいと思います。自死(自殺)という〝いのち〟の問題にかかわる僧侶として、この時代、この社会を共に生きる仲間として、〝あなた〟の生きづらさにどう向き合っていけばいいのかを一緒に考えてみたいと思います。

合掌

もくじ

第2章

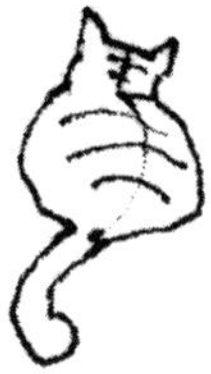

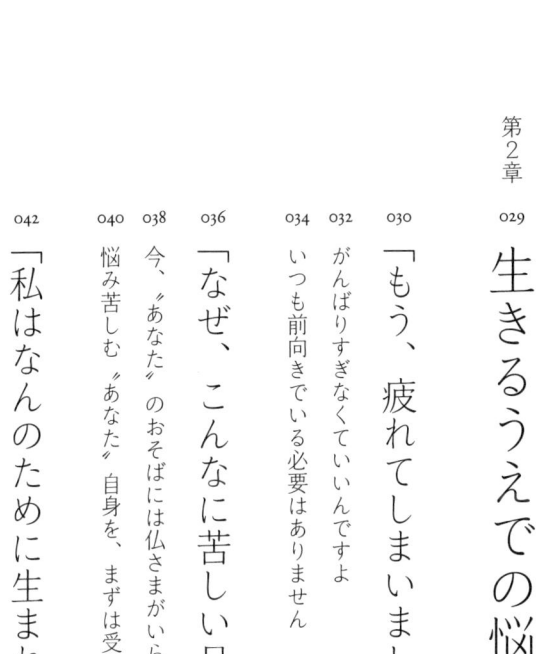

第6章 人間関係の悩み

プロデュース・駒村壮一（ホリプロ出版プロジェクト）
装幀・太田竜郎（クロス）
イラスト・牧野千穂
DTP・小山宏之（美創）

第1章

〝いのち〟についての悩み

「死にたい、死にたい、死にたい……」

死にたいのではなく、生きているのがつらいのではないですか

私の元には、おひとりでは解決できない問題を抱え、「生きているのがつらい」「死にたい」と悩みを打ち明けてくださる方が大勢いらっしゃいます。身近な方に相談することもできず、ひとりきりで悩みぬいた挙げ句に、そのように告白してくださるのです。

「死にたい」という言葉は、直接耳にしても、お手紙やメールで目にしても、たいへんに衝撃的なひと言です。相談してくださる方の心からの叫びが、胸に突き刺さります。

「死にたい」とおっしゃる方に、「死んではいけません」「生きてください」と言うのは簡単なことです。けれど、私は「死んではいけない」とは決して言いません。なぜなら、そうお答えすると、相談してきた方の抱えている苦しさや

つらさを否定するようで、どこにも気持ちの行き場がなくなってしまうのではないかと考えるからです。

死にたいと思ってしまうのは、良いとか悪いとかいう問題では、決してありません。本当に苦しみ、悩み続ける日々を送っているご様子を知るにつれ、その考えを尊重したいとさえ思うこともあるのです。

そのような方に私は、こうお伝えします。

「死にたいのではなく、生きているのがつらいのではないですか」、と。

どんなにつらい毎日を過ごされている方も、心の底には「生きたい」と願う気持ちがあるように感じます。ですから、行動に移す前に力をふりしぼってこうして〝つながり〟をもってくださったことを、とてもありがたく思います。

この本を手に取ってくださった〝あなた〟と私のあいだには、〝ご縁《えん》〟が生まれました。ですから、もし、そのようにお考えの方がいましたら、ぜひ、本書を最後までご一読いただき、私と一緒に、また仏さまと共に、その答えを探していただければと願います。

心は、揺れ動いていいのです

ありったけの勇気をふりしぼって、死を考える気持ちを告白してくださる方も、なんとなく日常生活で、ふと「死にたい」と感じるときがある方も、私たちは誰ひとり、その良し悪《あ》しを判断し、口にすることはできないと思います。人間ですから、そのときそのときで心が揺れることは、あっていいことなのではないでしょうか。

いろいろなことが折り重なって思いつめてしまうのは、本当につらいご経験でしょう。自死という選択が許されるか否かということよりも、自死を選択肢のひとつとして考えてしまう状況にあることの方が、私は気がかりでなりません。たとえ、他人にとっては些細《ささい》と思われるようなことでも、苦しんでいる〝あなた〟にとっては、何より重大な問題なのですから。

だからこそ、「死んでしまいたい」というお気持ちを抱えたままでかまいませんので、まずは〝今日一日〟をお過ごしいただきたいのです。

この本を手に取ってくださったことで、私と〝あなた〟はつながることができました。せっかく生まれたつながりですから、ぜひこの本を〝肥やし〟にして、〝あなた〟の中にある〝種〟が、将来、花を咲かせるようにしてほしいと願っています。雨風にさらされるこのつらい毎日も、いつの日か、「恵みとして必要なことだった」と考えられるようになればいいのですから。

生と死の間《はざま》で揺れ動く気持ちを抱えたままでかまいません。私は〝あなた〟が「今日一日を生きてみよう」と思ってくださることを願います。そして、そう思えるようになったならば、今度は「明日ももう一日生きてみよう」と思えるように、一歩、また一歩と、踏み出す先を、考えてみませんか。

「死んでしまいたい」というお気持ちの奥に、本当はどんなことを望んでいらっしゃるのか――。それを考えることから、〝あなた〟がもがいていらっしゃる暗闇に、一筋の灯《あか》りをともせるのであれば、それに勝る喜びはありません。

「死にたい、でも死ねない」

人は、誰でも、いつか必ず死をむかえます

私たち生きとし生けるものは、みな遅かれ早かれ必ず死をむかえます。どんなに権力のある人でも、どんなに財産を持っていても、それは変わりません。人はみな、それぞれに顔があり、名前があり、ご先祖さまがいて、歩んできた人生がありますが、そういったものすべてを取り払ってみれば、どの人も等しく、いつか必ず死に至る〝いのち〟を生きているのです。

自死を考える方から葛藤《かっとう》や苦しみをお聞きすると、「死んでしまいたい」と思うこともごく自然の流れなのだと感じることがある、と申し上げました。けれど、そんな方々とお話をさせていただくと、「死にたい」というお気持ちを抱える一方で「生きたい」と思うことも、また、自然なことなのだと感じます。

生と死は、別々のものではありません。死をまぬがれる生はありませんから、

〝いのち〟というものは生だけではなく、死もまた〝いのち〟なのでしょう。これは、理屈では説明できないことなのです。生や死は、私たち人間の知識では、ときとしてどうにも整理のつかない問題なのではないかと思います。

私には「ぜったいに自分で〝いのち〟を絶ってはいけません」「生き続けなければいけません」と強制する自信も資格もありません。〝あなた〟の苦しみを肩代わりすることも、四六時中おそばで支えることもできません。

悩み苦しむ日々をお過ごしの〝あなた〟が求めている答えは、すぐには出ないかもしれません。けれど、〝あなた〟が一生苦しみ続けたり、自ら生を終わらせようとするのは、あまりにも悲しすぎます。

人はみないつか必ず死ぬのだから、自然におむかえがくるその日まで、与えられた〝いのち〟を、なんとか生きていただきたい、〝あなた〟だけのかけがえのない〝いのち〟を最後まで生き切ってほしいと、私は心から願っています。

そして仏さまも、そんな〝あなた〟のそばで、共に泣き、共に苦しんでくださると私は信じています。

仏さまは、「死ねないつらさ」をご存知です

「死にたいけれど、死ねない――」

そうおっしゃる方の中には、ご家族や周りの方々の心配をして、苦しい〝今〟を過ごしている人も大勢いらっしゃいます。

長く暗い出口の見えないトンネルの中にいて、どうしたら希望が見つけられるのか、どうやったら死ねるのかと問われる方もいらっしゃいます。そんな声が届くたび、私には、「本当は生きたい」という心の叫びのように聞こえてしまうのです。

人は、ひとりでは生きられません。生きていれば、大切な人が増えていくことでしょう。そうした人の存在を思うと、生と死の間《はざま》で揺れ動いてしまうのは、ある意味、とても自然なことではないでしょうか。

人間の心は決して一色ではなく、善悪、清濁、明暗など、さまざまな思いが複雑に絡み合っています。理想と現実のあいだで、振り子のように感情が揺れ動く……。人間とはそんな存在であり、こうして〝あなた〟に語りかけている私も同じなのです。

〝あなた〟には、はちきれそうな心をゆるめる場所が必要だと思います。「そんな場所は、どこにもない」とおっしゃらないでください。仏さまは、そんな〝あなた〟の「死ねないつらさ」をご存知で、おそばで一緒に涙を流してくださっています。私は、その仏さまから、〝あなた〟の手助けをするようにと、このご縁《えん》をいただいたのでしょう。

私は、そのように本当に苦しんでいる人にこそ、生きていってほしいと考えています。いつかは心穏やかに過ごしていただきたいのです。

今はもうどうにもならず、生きていくことがつらくて仕方がないという方もいらっしゃるでしょう。それでも、まずは「死なないように」でいいのです。

今日一日を、明日の一日を、生きていってほしいと願っています。

第2章 生きるうえでの悩み

「もう、疲れてしまいました」

がんばりすぎなくていいんですよ

私は、生きづらいこの世の中で、ひたむきにがんばっている方とのご縁《えん》を多くいただいてきました。家庭に問題を抱えている方、職場や社会生活で悩みを抱えている方、人間関係で苦労している方、病気で苦しんでいる方……さまざまな方からお話を伺うたびに、どうしてこんなにがんばっている人が、生きづらさを感じなくてはならないのかと、やりきれない思いに苛《さいな》まれることがしばしばあります。

今、この本を読んでくださっている〝あなた〟はいかがですか。肉体的に、精神的にお疲れではないですか。「もう疲れた」「もう限界です」——もしも、〝あなた〟がそのように思っていらっしゃるのなら、私からぜひ声をかけさせてください。

〝あなた〟はもう、がんばりすぎなくていいんですよ。

もしかしたら〝あなた〟は、心も身体《からだ》も悲鳴をあげているのに、「自分は努力が足りない」などとお考えになってはいませんか。それは違うと思います。私には、精一杯がんばって、がんばりすぎて、息もたえだえになり座り込んでしまっている〝あなた〟の姿が目に浮かびます。きっと、〝あなた〟はまじめでひたむきな方なのでしょう。

〝あなた〟には努力が足りない――そんなことは決してありません。

たしかにがんばることもときには必要ですが、ご自分の許容範囲を超えてしまうような〝がんばり〟は、心身に負担をかけてしまうだけです。まずは、ご自分を大切に考え、おひとりで抱えこまずに、できれば〝あなた〟の味方になってくれる人を探すようにしましょう。

人生に起こる問題は、がんばりすぎない程度に、ゆっくりと解決していけばいいのです。ときには風鈴の短冊のように、風に抵抗することなく吹かれるままに揺れるのも、よいことなのではないでしょうか。

いつも前向きでいる必要はありません

明るく、いつも笑顔を絶やさない人。話題が豊富で周囲を和《なご》ませる能力を持っている人。そんな幸せそうな人も、いつも変わらず「明るく前向き」でいられるわけではありません。ときには心が揺れて後ろを振り返ることもあることでしょう。周囲を見渡して、助けを求めて叫び出したくなることもあるのではないかと思います。

生きていれば、そんなふうに気持ちが揺れ動くのは当然のことだと思います。この生きづらい社会では、いつでも前を向き続けていることは、できないことだと思うのです。

もしも〝あなた〟が、さまざまな問題を抱えて日々息苦しさを覚えているのに、「明るく前向き」なフリをして疲れを感じているのならば、もう少し自分の気持ちに正直になってみませんか。少し立ち止まって、後ろを振り返りながら過ごしてもいいと思いますよ。いつも明るく前向きでいる必要など、どこにもないのですから。

社会の中で生きていくには、つらさや悲しみを抑え込んで、隠さなければならない場面もしばしばあります。それならば、せめて〝あなた〟が、〝あなた〟のままでいられる場所――いわゆる〝逃げ場〟を見つけてみてはいかがでしょうか。そしてそこでは、ありのままの、無理をしないご自分でいられることを私は願います。

仏さまは、経済的に行き詰まっている人を援助してくださるわけではありません。家族や人間関係の悩みに、具体的なアドバイスをしてくださるわけでもありません。けれど、どんなときでも、私たちのそばにいてくださるのです。

そして、「苦しいときは素直に苦しんでいいんだよ」「悲しいときには悲しんでいいんだよ」「あなたは、ありのままでいいんだよ」とおっしゃってくださいます。

「なぜ、こんなに苦しい日々なのでしょう」

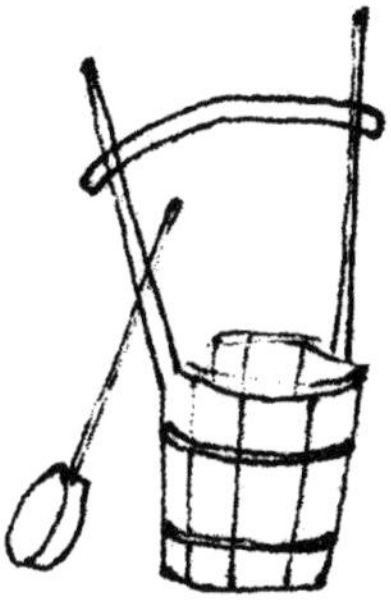

今、〝あなた〟のおそばには仏さまがいらっしゃいます

生きることには、必ず苦しみが伴います。「生きていればなんとかなる」という考え方がありますね。この「なんとかなる」が「苦しみがなくなる」ことかと問われれば、残念ながら「なくなりません」とお答えするしかありません。ただし、「苦しみながらも生きていく」ことを受け入れたとき、「なんとかなるのかな」と思うことができるようになり、苦悩しながらも生きていくことができるのだと私は考えています。

いま現在、生きづらさを覚えている〝あなた〟に、「その苦しみはいつかきっと乗り越えられます」と言うのは、あまりにも無責任だと思います。けれど、これまでがんばって生きてこられた〝あなた〟であればこそ、生きていってほしいと願わずにはいられません。

誰もが、ひとりではこの困難な世界を生きていくことはできません。心細さを感じるときもあるでしょう。そんなときにこそ、思い出してください。仏さまが私たちの近くにいらっしゃるのは、一番つらいとき、苦しいときなのだということを。苦しい〝今〟は気づきにくいのですが、あとで心が平穏になり、「あのとき仏さまがそばにいてくださったんだ」とわかるときが、〝あなた〟にも必ず訪れるでしょう。

仏さまは、雑踏《ざっとう》の中でさまよい続けているときも、世間という冷たい風にさらされているときも、〝あなた〟のそばに必ず寄り添ってくださり、温かく包み込んでくださるはずです。

泥の中から芽を出し、美しく咲く蓮《はす》の花のように〝あなた〟の今の苦しみは、花を咲かせるために栄養を吸収している時期なのかもしれません。成長しようとしている〝あなた〟を、仏さまはそばで見守っていらっしゃいます。仏さまの温かい眼差《まなざ》しのもとで、私たちは、悩みながらも安心して生きていくことができるのです。

悩み苦しむ〝あなた〟自身を、まずは受け入れましょう

世の中は、常に移ろい変わっていきます。厳しい冬のあとには春が来ます。降り続く梅雨の長雨もいつかは必ずあがります。うっとうしい梅雨でも、少し視点を変えればその時期ならではの楽しみがありますね。雨に洗われて一層映《は》えるあじさいの花は、この季節ならではの楽しみです。そう考えると「晴れの日に感謝し、雨にもまた感謝」と思えるようになるのではないでしょうか。

お釈迦《しやか》さまは、人間には生きていくうえで、避けられない苦しみがあるとおっしゃいました。そして、その苦しみの原因は、思い通りに生きたいという欲望や執着だと。だから、苦悩から逃れるには「欲望や執着を捨てて、あるがままに生きればよい」とおっしゃったのです。これは、うっとうしい梅雨の長雨でも、「あるがままの自然がいい」と、楽しみを見つけられる心持ちに通じ

ることではないでしょうか。

また、『少欲知足《しょうよくちそく》（欲少なくして足ることを知る）』という言葉があります。ないものねだりをせずに、すでに持っているもので満足しようとする態度のことです。『知足（すでに持っているもので満足しようとすること）』がとくに大切だと思いますが、欲望が満たされずに苦悩している私たちを見て、お釈迦さまがお示しくださったのでしょう。

お釈迦さまのように、あらゆる状況を心穏やかに受け入れることができれば、それは理想的な生き方です。けれど、このように実践するのは、なかなかできることではありません。私たちは、心穏やかでいられないときに、悩み苦しむ自分の姿を〝あるがまま〟だと思えばいいのではないでしょうか。

悩みを持つことはことさら不幸なことではなく、生きていくうえで自然なことです。その自然の流れに無理にあらがうよりも、悩み苦しむ〝あなた〟ご自身をそのまま受け入れ、できることからゆっくりと少しずつ、あるがままに進んでいければよいのではないでしょうか。

「私はなんのために生まれてきたのでしょうか」

〝あなた〟も私も、誰かに支えられ、誰かを支えているのです

ひとりで悩みを抱えていると、どんどん行き詰まって孤独感が強くなるものです。まして、社会や人間関係から取り残されたと感じる状況にあれば、この世に生を受けた意味さえ疑ってしまうことがあるかもしれません。

〝縁《えん》〟という言葉があります。〝縁〟とは、人間や動物、植物、あるいはすべての存在がお互いに関係し合っているということです。相互に関係し合っているからこそ、すべてのものが、それぞれ大切なのだと、私は考えています。

他の人ともつながっていると意識しながら生きるのは、ときには息苦しく感じられることかもしれません。また一方では、孤独感が強くなればなるほど、自分と自分以外の人との壁が高くなり、つながりを感じられなくなるかもしれません。けれど、どんなに孤独を感じていても、自分だけでなんとかしようと

しても、多くのつながりの中で生かされているのが私たちの姿なのです。

私たちは誰かに支えられて生きています。多くの人の世話になり、ときには迷惑をかけながらでなければ生きていかれない存在です。それと同時に、私たちも誰かを支えることだってあるのです。お互いさまではありますが、私たちが支える人と、私たちを支えてくれる人は必ずしも同じではありません。むしろ違う人であることの方が多いのではないでしょうか。そういうつながり、〝縁〟の中で生かされているのですね。

私と〝あなた〟も、この本を通してつながり〝ご縁〟ができました。きっと、この本を手に取られた〝あなた〟と、それ以前の〝あなた〟では、何かが変わるはずです。〝あなた〟が感じたことを、誰か他の人に伝えてみてはいかがでしょう。

ときには支え、またあるときには支えられながら〝今〟を生きてみませんか。そのあかつきにはきっと、〝あなた〟も私も、生まれてきた意味を知ることができるのではないかと思います。

「すみません」より「ありがとう」と思うようにしませんか

人は生まれれば必ず年を取り、病気になり、死をむかえます。若さや健康に執着するあまり、老病死を否定的にとらえて、その現実を恐ろしく思うのでしょう。年を取ったらそのままに、病気のときもそのままに、そのときどきの自分を素直に受け入れることができれば、少しは気持ちが楽になるのでしょうが、それはなかなか簡単なことではありません。けれど、その境地《きょうち》を目指して歩み続けることが大事なのだと思います。

私たちは生きるうえで、『生老病死《しょうろうびょうし》』という人間が生まれながらに抱えている苦しみの他にも、数多くの不幸や悲しみと出合ってしまいます。どんなに健康であっても、お金や地位があったとしても、自分ひとりではどうにもならないことが押し寄せて、不本意な事態となってしまうこともあるでしょう。

では、それらはどうしようもないことなのかといえば、決してそうではありません。どうすればいいのかというと、ひとりで抱えこまないで、誰かを頼ることです。

誰かを頼ることは決して悪いことではありません。私も〝あなた〟も、必ずかかわりを持たなければ生きていけない存在、ときに支え、ときに支えられながら生きている存在です。ならば、助け合うのも〝お互いさま〟ですね。

私たちはよく、誰かの助けを得られたときに「すみません」と言いますね。〝あなた〟にも、思い当たる記憶がありませんか。もしそうならば、これからは「ありがとう」と言ってみてはいかがでしょう。なぜなら、「すみません」と思ってしまうと、人の世話になるまいと気負ってしまうことになるからです。それよりも、どれだけ多くの人の世話になっているのかに気がついて、そのことに感謝する方が、お互いに気持ちがいいと思います。

「ありがとう」の気持ちでつながる関係は、ひとりでは抱えきれないことも、〝お互いさま〟と受けとめ合える関係にしてくれることでしょう。

「私は、生きていていいのですか」

悩み、苦しんだからこそわかる「生きる意味」があります

「私は今、生きていていいのですか」とまで思ってしまう淋しさとは、いかばかりでしょう。「生きていていいのですか」とまで考えてしまう人は、暗いトンネルの中で出口が見えない状況にあるのかもしれません。もし〝あなた〟がそう考えてしまう状況に置かれてしまったのなら、このことを思い出してください。

つまずき、立ち止まるからこそ、はじめて出会うことのできる〝ご縁《えん》〟もあるのです。こうして今、この本を手に取っていただいたことは、〝あなた〟が暗いトンネルの中にいるからこそかもしれませんね。そうだとしたら、私とのこのご縁が、〝あなた〟にとって未来へ踏み出す第一歩になればと思います。

暗いトンネルの中にいるときには、「人はなぜ生きるのか」という、とても

大切な問いが浮かんでくることがあります。この問いは、多くの人が疑問にも思わずに通り過ぎてしまうものかもしれません。けれど、人が生きるうえで、最も重要な問いかけなのではないでしょうか。大切な問いだからこそ、答えはすぐには出ないかもしれませんが、答えを求めて悩むこと自体に意味があると私は考えています。

人は、つまずいたところからしか立ち上がれないのではないでしょうか。世知辛《せちがら》い世の中では、つまずいた者に手を貸す人もなく、それどころか心ない言葉をかける人さえいるでしょう。そんな中で一度足を止めてしまうと、人々が先へ先へと進む姿に気後れを感じてしまうかもしれません。

それでも、〝あなた自身〟がご自分の人生を歩まれるのですから、あくまでマイペースでゆっくりと立ち上がればよいと思います。つまずき、立ち止まり、人生の問いに突き当たった今だからこそ、ゆっくりと安心してご自分の人生に向き合えるのかもしれませんよ。

時間をかけて、〝あなた〟の幸せを見つけましょう

〝幸せ〟とは何でしょうか。人からうらやましがられるようなコースを生きている人が、必ず幸せを感じているかというと、それは本人にしかわかりません。

お金をたくさん持つことが幸せとも限りません。いつ泥棒に入られるかと不安になったり、「もっと欲しい、もっと欲しい」と思っていては、幸せとは言えないのではないでしょうか。きらびやかな世界で見栄を張るのもときには楽しいかもしれませんが、それは〝ありのまま〟の自分とは違うわけですから、ストレスもたまってしまいますよね。

「幸せとは何か」を考えることは、「何のために生きるのか」という問いにも通じます。何を〝幸せ〟と思うかは人それぞれに答えがあり、とても難しい問題だと思います。

〝あなた〟も私も、そして世界中のすべての人が、かけがえのない人生を歩んでいます。そして、誰もが幸せになる権利を持っていると思います。もし、自分にしかできないことや、自分がすべきこと、そして、自分がしたいことを見つけられて、そこで出会えた人とふれ合うことができたならば、〝幸せ〟を感じることができるかもしれませんね。

人生の大命題ともいえるこの問題について、多くの人は日々の忙しさにかまけて、自らに問いかけるのを忘れてしまっています。とはいえ、この問題は〝あなた〟にとっても私にとっても、とても大切な問いです。だからこそ、今は焦《あせ》らずに、ゆっくりと悩みながら、つまずきながらでも、時間をかけて〝あなた〟だけの道を探していきませんか。

〝あなた〟にはさまざまな経験があり、ご自分にしか語れない世界があります。そして、そのような〝あなた〟だからこそ見出《みいだ》せる〝人生の意味〟にたどり着き、〝あなた〟だけの〝幸せ〟を見つけることができると私は信じています。

第３章　死についての悩み

「亡くなった人に早く会いたい」

悲しいときは心から悲しんでいいのです

〝生〟を受けたからには、決してまぬがれないことに〝死〟があります。自分が死をむかえることももちろんですが、家族や友人、親しい人との別れもまたまぬがれないことです。

死は、私たちにさまざまな苦しみ、悲しみを与えます。大切な人を亡くしたとき、いくら頭では理解していても、私たちの心から悲しみは簡単には消えてくれません。何気ない日常生活の中で、すぐ近くにいた人の不在を感じると、不安と悲しみが溢《あふ》れ出す……。そんな日々を送りながら、社会生活を維持するため、また、周りの人への気づかいから、無理をして弱さを見せないようにふるまってしまう方がいらっしゃいます。

かけがえのない人を亡くしたとき、その悲しみに向き合うために、つらい気持ちを誰かに聞いてもらう、また誰かの話を聞かせてもらうことが、ときには必要だと私は考えています。死や病、老いへの不安を語ることや、亡き人にまつわる思い出話などは、ふだんあまりする機会はないでしょうが、そのことから目を背《そむ》けていては潜在的なストレスになってしまうと思うからです。

悲しみのあまり避けてしまいたい故人との思い出にも、ときには心を向け、考えたり話したりすることは大切なことです。もちろん、そうしてみたいと思えるようになったときに、自然の流れにまかせればいいのです。

また、仏教の教えやお寺という空間には、人間の根源的な苦しみと安心して向き合うことのできる〝場〟があります。もしも〝あなた〟の近くに悲しみと向き合える〝場〟がないようでしたら、お釈迦《しやか》さまの教えにふれたり、お寺に足を運ぶのもよいことではないでしょうか。

ゆっくりと時間を使って、悲しいときはとことん悲しむ、つらいときにはとにかく無理をしないという日々を過ごしていただければと思います。悲しみに包まれている方々が心穏やかに過ごせる日が来ることを私は願っています。

その日がくるまで、より多くの土産話を作りましょう

〝いのち〟とはさずかりものです。いつかお返しする日が必ずやってきます。そうは理解していても、大切な人を亡くすと、「早く会いたい」「私も向こうへ行きたい」と思ってしまうこともまた、ある意味自然なことかもしれません。

けれど、生前、〝あなた〟と深いつながりを持たれた人ならば、きっと「あなたには〝あなたの人生〟を生き切ってほしい」とお浄土から願い、見守ってくださっているはずです。大切な人がそのように、いつでも見守っていてくださると思うことは、心強いことではないでしょうか。

私たちが今生きているこの世界は、とてもつらく不自由なところです。安らかなお浄土から見れば、私たちはなんとも〝がさつ〟で不器用で、頼りない存在に映ることでしょう。けれど、そんながさつでうまくいかないことばかりの

世界は、いわば青春時代のようなものかもしれません。そこから離れた人にとっては、かえって懐かしく光り輝いて感じられるかもしれませんね。

視点を変えて考えてみましょう。いずれこの世での縁《えん》が尽きたとき、〝あなた〟は周りの人たちに、どのような〝願い〟をかけるようになると思いますか。「迷うことも、つまずくこともあるでしょう。でも、私はあなたのことをいつも見守っていますよ。ゆっくりと、自分のペースで歩いていらっしゃい」と、そんな声をかけてあげたいとは思いませんか。きっと、先に逝かれた方々も、そのように考えていらっしゃるのではないかと思うのです。

私たちにとって、〝その日〟は確実にやってくる未来です。しかし、懐かしい人々の温かい眼差《まなざ》しを感じたとき、この世を生きる私たちにも〝願い〟がかけられていることに気づかされます。ですから、先に逝かれた方々との再会を急ぐよりも、その〝願い〟に応《こた》えるために、〝いのち〟をお返しする〝その日〟まで、ひとつでも多くの土産話を作ってみてはいかがでしょうか。

「人は死んだら、どこへ向かうのでしょうか」

今も、死んでからも、同じ仏さまの〝いのち〟の中にいます

さまざまな方とのご縁《えん》をいただくと、中には「人は、死んだらどこへ向かうのでしょうか」「魂は、どこへ行くのでしょう」などと、亡くなってからのことを気にしてご質問する方がいらっしゃいます。

自分自身が死んでしまったあとのことが不安で、一体どうなるのだろうかと気にされる方もいれば、大切な方が逝ってしまった悲しみから、今どこでどうしているのだろうと心配している方もいらっしゃいます。

人間とは不完全で覚束《おぼつか》ない存在です。『諸行無常《しょぎょうむじょう》』という言葉があるように、すべてのものは移ろいゆくもので、人間に限らず実体の変化しないものはありません。この世のものはすべて、常に揺れ動いて存在しています。

このように形の定まらない〝いのち〟を生きている私たちですが、人として

の一生を終えたとしても、〝いのち〟そのものは、仏さまの大いなる〝いのち〟として、永遠に生き続けると言われています。今、生きているこのときも、この世の縁が尽きて死んでしまってからも、すべて同じ仏さまの〝いのち〟の中にいると教えられています。言葉を変えると、私たちは仏さまの大いなる〝いのち〟に包み込まれ、今も、これからもずっと生き続けるのです。

今、悩みながら生きていく〝あなた〟のことも、仏さまは温かく包み込んでくださっています。亡くなった大事な方々も、私たちと同じように仏さまに抱《いだ》かれて心穏やかにお過ごしのことでしょう。このように悠久の大いなる〝いのち〟につながっているのだと思えば、安心しておまかせしてもいいんだなと思うことができないでしょうか。

ですから、亡くなった人のことを心配したり、死んでからのことを不安に考えたりするのではなく、大いなる〝いのち〟につながっていることに思いを馳《は》せて、安心して日々をお過ごしいただければと思います。

「なぜ〝死〟という別れがあるのですか」

つらい別れがあるからこそ、新しく出会う縁《えん》もあります

お釈迦《しゃか》さまの教えに『四苦八苦《しくはっく》』という言葉があります。『四苦』とは、〝生まれること〟〝老いること〟〝病を得ること〟〝死ぬこと〟の四つです。これに『愛別離苦《あいべつりく》（愛する人と別れる苦しみ）』『怨憎会苦《おんぞうえく》（憎らしい人ともつき合っていかなければならない）』『求不得苦《ぐふとっく》（求めても得られない）』『五蘊盛苦《ごうんじょうく》（ただ生きているだけで苦しみがわきあがる）』を加えて『八苦』と言います。中でも、『愛別離苦』に関することで悩まれる方も大勢いらっしゃいます。

身近な人の死と向き合うと、人はなぜこれほどの苦しみに耐えていかなければならないのかと感じます。会いたくても会えないという、孤独と絶望に打ちひしがれる苦しみは、ご本人にしかわからないものだと思います。

ただ、つらく悲しいからこそ、新しい気づきがあり、新しく出会うことので

きる〝縁〟もあるのではないでしょうか。

大切な人を亡くしたのですから、その悲しみは深く、いつまでも消えることなく続くのだと思います。残念なことですが、私たちはそのつらさを抱えながら生きていかなくてはいけません。それがこの世の有り様なのです。まさに、今の〝あなた〟がそうであるように……。

けれど、私たちの〝いのち〟は限られています。大切な方と過ごした日々を思い起こし、今は亡き人が〝あなた〟に残してくれた人生の規範や教訓を考え、なるべく多くのことを実践してみてはいかがでしょうか。そのように過ごす人生は、亡き方とあなたの二人三脚の人生と言えるかもしれません。

また、悲しい別れによって出会えた人がいたり、仏さまの教えに巡り合えたのかもしれません。あるいは、深い悲しみの中で、周りの人の温かい心づかいにふれ、これまで気がつかなかった意外な一面に感心させられたことでしょう。

つらい別れを経験したことで出会った〝縁〟を大切にしながら、〝あなた〟ならではの人生を生きていってほしいと思います。

生前受けたご恩に感謝しましょう

ご自分を生み育ててくれた両親、さまざまな教えをくださった人生の師、多くの人に支えられて、私たちは〝今〟を生きています。そうした人たちと死別したときには、言葉にできないほどの喪失感、道標《みちしるべ》を失った不安感と共に、「いただいてばかりでご恩に報《むく》えなかった」「何も返すことができなかった」とご自分を責める方も多くいらっしゃいます。

もし〝あなた〟がそんなふうに感じてしまうのでしたら、まずは先立たれた方に思いを馳《は》せてみてください。そしてそのときには、「ご恩返しもできなかった」と後悔したり、申し訳ないと思ったりするのではなく、たくさんの感謝の気持ちで、「ありがとうございます」と手を合わせてみてください。

先人たちからいただいた数多くの教えやご恩に、感謝の気持ちをお返しすることで、先に逝かれた方々も安心して〝あなた〟を見守ってくださると思います。それが、〝あなた〟の安心にもつながり、これからの生活を営むにあたっての自信にもつながっていくのではないでしょうか。

また、ご恩を返すとしたら、次の世代につなげていけばよいのです。〝あなた〟が受けたご恩や、先人たちから教えていただいたことを、今度は、次の世代の人たちに伝えましょう。それを必要としている〝あなた〟の周りに今いる人たちに、お裾《すそ》わけをするように返していくのです。先に逝かれた方々は、まさにそれを望んでいるはずです。私たちはお互いに支え合い、そのつながりの中で生かされているのですから、そうすることで、ときの流れを超えて、生前受けたご恩に報いることになるのです。

そんな〝あなた〟の姿は、先に逝かれた方々にも、必ずご覧いただけていると思います。仏さまと共にある方々に見守られているという安心感をいただいたら、改めて手を合わせて、亡くなられた方々に思いを馳せ、どうぞ感謝の気持ちを伝えてみてください。

供養とは、自分の思いを届け、相手の思いを受けとめること

身近な人に先立たれると、ときに遺された者は「なぜ」という思いにとらわれます。その人がご家族であれば、なおさらでしょう。けれど今生での寿命は、私たちにも、亡くなられた方にもわからないことなのです。

ご家族に先立たれた方は、その〝死〟を受けとめる〝喪の作業〟を、ご自分で進めなければなりません。それは、筆舌に尽くせないほどつらく苦しいことではないかとお察しいたします。けれど、そんなときでも仏さまは、ずっと見守ってくれています。亡くなられた方の苦しみも、遺されたご家族のつらさもすべて承知して受けとめ、慈《いつく》しみの心を振り向けてくださっているのです。

人の思いを受けとめ、伝え、つなげていくのは、人間だけができることです。亡くなった方は、今生で〝あなた〟と出会い、ご縁《えん》が生まれました。故人とつ

ながった経験や思い出を含めて、今の〝あなた〟が存在しているのではないでしょうか。

ひとりの尊い人生が失われてもなお、その〝いのち〟の輝きを失わないようにすることはできます。そのためには、遺された私たちが故人の思いを受けとめればいいのです。供養とは、自分の思いを届けること、そして、相手の思いを受けとめることです。形にとらわれなくてもかまいません。供養を通じて、思いを受けとめてくださる方のいることが、故人には何よりもうれしいことなのではないでしょうか。

大切な人がいなくなってしまった生活の中で、悲しいときには十分に悲しみ、つらいときには無理をせずにやり過ごしていただくことが、遺された人にとって大切な時間の使い方だと思います。どうして先に逝ってしまったのかと、その理由を考えてしまうことは、無理からぬことです。亡くなられた方と話したい、どうしてという思いを抑えきれないというときには、お仏壇に手を合わせて、心の交流を持っていただきたいと思います。

「家族が自死してしまいました」

泣いたり怒ったりしながら、まずは受け入れていきましょう

大切な人を自死で亡くされた方も、この世知辛《せちがら》い世の中にはたくさんいらっしゃいます。生きることにまじめで誠実だからこそ自死してしまう、今の社会には、そういった現実があるようにも感じます。

自死でご家族や大切な人を亡くされた方々は、深い後悔と自責の念、悲痛な思いに傷つきながらも、なかなかそれを打ち明けることができず、心を閉ざして苦しみ続けているのもまた、現実のようです。

そんな、思い出すのもつらいご経験をお話しくださる方の中には、自死した人は成仏《じょうぶつ》できないのではと考えている方が少なくありません。けれどそれは、自ら逝くことを思い留《とど》まってもらいたいという願いから出てきた言葉が、いつの間にかひとり歩きをして間違って伝えられたものだと思います。

仏さまは、どんな人でも、自死でも自死でなくても、若くてもお年を召していても、等しく慈《いつく》しみの心を振り向け、必ず救ってくださいます。自死された人も、もちろんお浄土で心穏やかに暮らしていらっしゃるのです。ですから、亡くなってしまった人の〝今〟については、どうぞご安心ください。

どんな亡くなり方をしても、お浄土へ行かれた方は、いつも私たちを見守ってくださっています。そして、亡くなった方と遺された〝あなた〟との関係は、決してなくなるわけではありません。関係は少しずつ変化することはありますが、つながり続けていくことに変わりはありません。

私は、遺された方には、お浄土でいつか会える〝その日〟まで、ご自分のために生きていってほしいと願っています。もし、まだ心の傷が癒《い》えていないようでしたら、少し無理をしなければならないと感じられるかもしれませんね。それでも、故人に対して、泣いたり怒ったりしながらでも、その〝死〟を受け入れ、自分のペースで進んでいってもらいたいと思います。

第4章

病についての悩み

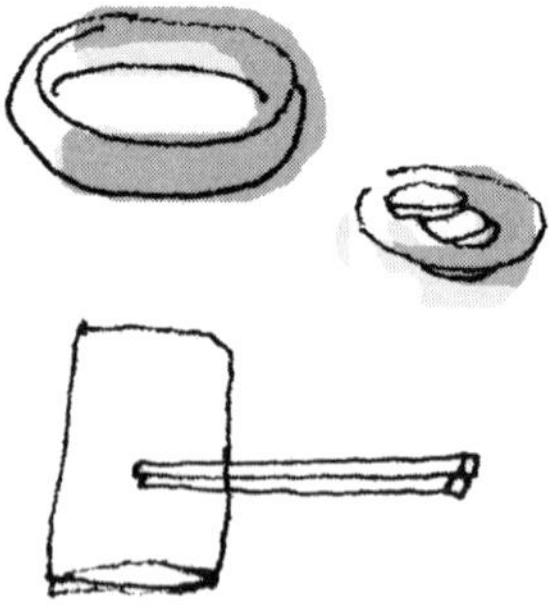

「心の病に苦しんでいます」

苦しさを理解してもらえないことが、一番つらいのではないですか

人はちょっとしたことがきっかけで、死にたくなるほどつらくなることがあります。心の病とたたかっている方は、そのつらさを一層激しく感じることでしょう。中には、精神的・身体的な症状だけでなく、病気のことを周りの人に理解してもらえずに苦しんでいる方も少なくありません。そのような方からお話を伺うと、今の苦しい気持ちを周りの人たちにわかってもらえないことが、一番つらいのではないかと私には感じられます。

心の病に悩んでいる方のほとんどは、まじめで休まずに努力し続ける人が多いように思います。心も身体《からだ》も疲れ切っていると自覚されていても、そこからさらにがんばってしまうようですね。

けれど、心の病気は、病を得た人が悪いのではありません。

この世に起こるすべてのことは、『因《いん》（原因）』と『縁《えん》（条件）』とが折り重なって『果《か》（結果）』を生み出しているのだと、お釈迦《しゃか》さまは示されました。『因』と『縁』が変われば、『果』もおのずから変わります。心の病気は、時間的にも、精神的にも余裕がなくなったことから起きていると言われていますので、その『因』と『縁』を変えるようにしてみましょう。

〝あなた〟が今、心の病気とたたかっていらっしゃるのでしたら、決して慌《あわ》てずに、まず休みを取って、ゆっくり治療することを提案いたします。病気のことは、お医者さまと相談しながら、しっかりと向き合ってゆっくり治療されるのがいいのではないでしょうか。

〝あなた〟は今でも、そして今までも十分にがんばってこられました。まして、治ったあかつきには、またがんばってみようと思っているのではないですか。ですから、今は正々堂々と治療に専念していいと思います。身体が疲れたときは横になって休むように、心が疲れたときにもじっくり休んでいただきたいと思います。

がんばりすぎないで、仏さまにおまかせしてみましょう

この生きづらい世の中では、生きることが苦しいと感じられても不思議ではありません。心の病を持っている方は、その世知辛《せちがら》さをよけいに強く感じる場合も多いでしょうね。

私は医師ではありませんので詳しいことはわかりませんが、心の病に〝焦《あせ》り〟は禁物だそうです。急がず慌《あわ》てず、ゆっくりとお過ごしいただきながら、じっくりと療養していただきたいと思います。また、今以上にがんばる必要はないと思いますが、〝あきらめないで〟いただきたいのです。

「急がず慌てず、ゆっくりと過ごす」ためには、坐禅の心構えが参考になるかもしれません。本格的な坐禅を修するのは簡単なことではありませんが、大事なポイントを覚えておくと、焦る気持ちを程よく抑えることにつながると思い

ます。

正しく坐禅をするには、姿勢を整え（調身《ちょうしん》）、呼吸を整え（調息《ちょうそく》）、心を整え（調心《ちょうしん》）ます。この三つは別々のことではなく、どのひとつを取ってみても、他のふたつを正しく行うために必要なことだと言われていますので、これを参考に、このうちひとつだけでも、できることから試してみてはいかがでしょう。

自然と「急がず慌てず、ゆっくりと過ごす」という心につながるはずです。

また、お釈迦《しゃか》さまの大切な教えのひとつに『中道《ちゅうどう》』というものがあります。それは、厳しすぎず、甘やかし過ぎず、程よい程度に取り組むことが何ごとにおいても尊いという教えです。これは、日々の過ごし方や病に向き合う心持ちにも言えることなのではないでしょうか。

心の病を急いで治そうとがんばりすぎることもなく、またあきらめることもなく、程よい気持ちを保ちながら、仏さまにおまかせするつもりで日々を過ごされるのがよいと思います。

「多くの人に支えてもらっているのに……」

「おかげさま」の心は、返せるようになったら返せばいいんです

病を得ると、周りの人たちからの支援や協力をありがたく感じるものです。けれど、まじめでやさしく気づかいのできる人ほど、そういった〝支え〟に対して、何も返せないことを心苦しく感じてしまい、ご自分を責めてしまう傾向にある気がします。

なかなか病状が回復しないままだと、周りの人たちからのサポートに「応えられない」と感じてしまう方が少なくありません。そう思ってしまう気持ちもわからなくはないのですが、困ったときはお互いさまなのですから、「おかげさまです」「ありがとうございます」と、その気持ちを言葉にして伝えられたらいいですね。お世話になったときに、まずはその厚意をありがたくいただき、心から感謝することにしましょう。

そして、病状がやがて回復して少し余裕ができたのなら、そのときに「おかげさま」の心を返すようにすればいいのです。お金の貸し借りとは違いますから、必ずしも世話をしてくれた本人に返さなくてもいいんですよ。そのときに〝あなた〟の近くにいて、〝あなた〟の手助けを必要とする人に、それまで〝あなた〟が受け取ってきた「おかげさま」の心を振り向けることができたらいいですね。

私は、仏さまへの感謝の気持ちを忘れることはありませんが、仏さまにご恩返しをするよりも、「おかげさま」の心を周りの人に伝えるよう心がけています。仏さまも、きっとそうすることを望んでいらっしゃるのだと思います。いただいたご恩を、次の人につないでいくことの方が素敵だと思いませんか。

ですから、長患いのあいだには、焦《あせ》ってしまうこともあるでしょうし、無理したくなることもあるでしょうが、しばらくは「おかげさま」の心を貯めていればいいのだと思います。そのあいだ、ゆっくりゆっくり、お身体《からだ》を治していきませんか。

第5章　性格についての悩み

「どうしても、やる気が起きません」

〝あなた〟の時間で生きていけばいいのです

人はときとして、「自分はどんな存在なのだろう」「私はなぜ生きているのだろう」と自問せざるを得ない場面に追い込まれるときがあります。仕事や人間関係で疲れたときや、なんらかの失敗をしてしまったときに、そういった疑問が多く浮かんでくるようですね。

方程式のようには答えが出ないとわかっていても、こういった問いはとらえどころのないものであることが、本当にもどかしく感じられます。それこそ、一生をかけて探求していくことなのかもしれません。

ある先輩から、「終わりなき歩みを共に」と教えていただいたことがあります。この言葉と出会ってからの私は、「生き方の問題にはあらかじめ答えが用意されていないので、それを探し、じっくりと問い続けながら暮らしていけばいいのだ」と思えるようになりました。それと同時に、ひとりで気負っても始まらず、仲間と〝共に〟歩んでいけばいいのだと気づかされた言葉でもありました。

どんな人にも、なんだか今日はやる気が出ないという日はあると思います。私にも思い当たることがあります。そんなとき、忙しく働いている人を見ると、なんだかとても気後れを感じてしまいますね。けれど、気をまぎらわすために忙しくしているよりも、大事なことがあるはずです。

「忙しい」という漢字は、「心を亡くす」と書きます。文字通り心を無（亡）くしてしまわぬよう、そんなときには誰のものでもない、大切な自分にとっての〝心の時計〟を見つめてみてはいかがでしょうか。

人はみな、それぞれが自分の時間で生きていけばいいのです。そして、その時間を過ごすことで、きっと、〝あなた〟だけの「存在感」や「生きる意味」が、徐々に見えてくるものなのだと思います。生きるということに、焦《あせ》りは禁物です。

〝寄り道〟が、人生を豊かにしてくれます

現代の世の中には、常に前向きでなくてはならない、楽しくなければ生きていても仕方がないというような風潮があります。目標を立て、その実現に向けて効率よく進むことが優先される社会です。けれど、そればかりではいられないのが人生の実相ではないでしょうか。

お釈迦《しゃか》さまは、人間の避けられない苦しみのひとつとして『求《ぐ》不《ふ》得苦《とくく》（求めても得られない苦しみ）』を挙げています。理想や希望は生きる原動力として大切ですが、それが得られないがために苦しみも生じます。思い通りにならないことの方が本当は多いのかもしれません。

良寛和尚の漢詩には「花無心招蝶《はなむしんにしてちょうをまねき》　蝶無心尋花《ちょうはむしんにしてはなをたずぬ》」という言葉があります。花に蝶がただ戯《たわむ》れているという情景を謳《うた》ったものです。花は特別に

蝶を招きたいとも思わないし、蝶もわざわざ花を訪ねたいとも思わないのに、それが自然に出会い巡り合うのです。人間の小賢《こざか》しい思惑などにとらわれず、ただ「そうなっている」という〝ありのまま〟を受け入れようという、いかにも良寛さんらしい一節です。

このような情景は、実はどこにでもあるものです。けれど、心に余裕がないとなかなか気がつきません。目標に向かって突き進むことも大事ですが、せっかくの美しい情景を見逃してしまっては、もったいない気がしてしまいます。ときには花を訪ねる蝶になったつもりで〝ありのまま〟に過ごしてみませんか。人生には少しくらい〝寄り道〟をする余裕が必要なのかもしれません。

あまり先を急いで歩いてしまうと、大切なものを見落としてしまいがちです。道端の名も知らぬ花にふと心奪われ、足を止めることも何かのご縁《えん》です。「効率化」という名の現代社会の大通りから少しはずれたわき道にこそ、〝あなた〟だけの美しい花を見つけられるかもしれません。そうした〝寄り道〟こそが人生を豊かにしてくれるのかもしれませんね。

「自分のことが嫌いです」

もうご自分を卑下《ひげ》しないでください

さまざまな方とお話をさせていただくと、「自分のことが嫌い」「どうしても好きになれない」とおっしゃる方が多く、やるせない気持ちがいたします。

私からすれば、みなさん〝今〟を大切に、懸命に生きていて、やさしい心を持ち合わせた魅力的な方々です。詳しく伺うと、そう話される方の多くは、問題を抱えたご自分に〝価値〟を見出《みいだ》せず、やりきれない思いを抱えていらっしゃるようです。とくに、社会活動に参加できないでいる方の中には、「自分は社会のゴミです」「社会の役に立たない自分は死んだ方がいい」などと、激しい表現でご自分を責められる場合もあるようです。

社会とかかわりを持って前向きに生きていきたいと願われる〝あなた〟は、社会に貢献できない自分を卑下し苦悩されているのですね。でも、〝あなた〟

は〝あなた〟であるだけで、とても貴重な存在です。かけがえのない〝いのち〟です。自分の弱さもやさしさも、卑下する心もありのままに受けとめてみませんか。そして、どうかご自分にたくさんの愛情をそそいであげてください。

自分の存在を大切に思うことは、すべての人が大切な存在であると知ることです。〝あなた〟の〝いのち〟と同じく、すべての〝いのち〟が等しく尊いのです。世間の評価で自分の優劣を判断することは、〝あなた〟の上に人を置くことにもなり、〝あなた〟の下にも人を置いてしまうことになります。それは、自ら生きづらい世界を作ることにもなりかねません。

社会貢献とは、人々に幸せの輪をつなげてゆくことではないでしょうか。身近な人と笑顔を共有することも、共感の涙を流すことも、思いやりのある言葉や感謝の思いを伝えることも、大切な〝社会とのかかわり〟なのかもしれません。〝あなた〟の笑顔も、涙も、言葉も、〝あなた〟以外の誰も代わることができません。「私にもできる」ことは、世界でただひとり、「私にしかできない」ことなのかもしれませんね。

自らの嫌《いや》な部分を知ることは、安心を得ることです

人は誰でも欲望やエゴがあり、ときに理想とする自分とは違う行動を取ってしまうことが、よくあります。欲望やエゴが自分の中にあることを認めるのは、一見、嫌なことですが、実は、安心を得るために必要な、大切な一歩となるものです。

たとえば〝あなた〟が、他の人によって腹立たしい思いをさせられたとします。そんなとき、相手を許すことはとても難しいですよね。怒りを誰かにぶつけたくなってしまうかもしれません。けれど、そんなことをすると〝あなた〟の気持ちをますます荒立ててしまいます。人を許すためには、腹を立てている自分の心の動きに気づき、その気持ちを認めることがよいように思います。

怒りを自分の腹の中で鎮《しず》めることを、仏教では『禅定《ぜんじょう》』と言いますが、これ

を実践すると、それ以上気持ちを荒立てなくてすむようになりますし、結果として〝あなた〟自身が安心を得る環境が整うようになります。

このように、自分の気持ちを客観的、かつ、冷静に把握することは、結果的にエゴを捨てることにつながっていきます。無理に自分の欠点を考えないようにしたり、不安を感じないようにしたりするのではなく、不安を感じながらも「今、自分はこういうことで不安になっている」「こういうことで気持ちが荒立っている」と、あるがままに認めることが大切になってきます。

自分の気持ちに気づき、落ち着いて心の状態を把握すること――これができるようになれば、私たちは少しだけ楽に過ごせるようになると思います。

自らの欠点を意識しすぎると、「こんな自分ではないつもりだったのに」と、いつのまにか自分を責めてしまうものです。けれど、私たちはそれほど強い生き物ではありません。強くない自分もまた、〝私〟の一面です。そんな自分でいることも認めてあげられるようになれれば、少しずつ気持ちが和《やわ》らいで、安心して日々を過ごせるようになるのではないでしょうか。

「悩んでばかりで疲れました」

人生における選択に、悩みはつきものです

人はこの刹那《せつな》、刹那にもあらゆる道から自分の進むべき道を判断しています。そうして重ねた人生には、「どうしてあんなことをしてしまったんだろう」という後悔はつきものです。けれど私たちは、そのことから多くを学びます。

過去の事実を、今さら変えることはできません。どうすることもできない過去のあやまちについて考えすぎて、「こうしなくてはならなかった」と自分で自分を縛るようなことがあっては、よいことはないと思います。

けれど、過去に対して、〝今〟生きている自分の思いや感じ方は、いつまでも同じではありません。過去の失敗や苦しみをひとつひとつ思い出して、自分にとっての意味を考え、納得できるように消化することも大事ではないでしょうか。ゆっくりと向き合うこと、振り返ることは無駄なことではありません。

たとえば、積極的に行動したことにおいての失敗は後悔せず、その失敗を次のチャンスへの糧《かて》とするように心を持っていってはいかがでしょう。また、行動に移せなかったことを後悔している場合には、「ご縁《えん》がなかった」と思うようにして、次の機会に、そのご縁を逃さぬように心がけてみましょう。

一方、これからの人生における選択にも、躊躇《ちゅうちょ》がつきまとうものです。後悔しないようにするために、どうすればよいのだろうと、なかなか決断することができず、立ち止まってしまうこともしばしばです。

そんなときは、改めて、失敗するかもしれないと承知したうえで、できるだけのことをして取り組もうと、腹をくくってはいかがでしょうか。失敗してもしなくても、どちらも私たち自身の人生なのですから。

そんな覚束《おぼつか》ない私たちのことを、仏さまはいつでも温かい眼差《まなざ》しで見守ってくださっています。はじめから答えを用意してはくださいませんが、失敗から学ぼうとする私たちのことを応援してくださっていると思うと、安心してチャレンジすることができますよね。

小さな「うれしい」「楽しい」を貯めていきましょう

自分ではどうすることもできない壁にあたったとき、多くの人はどんどん気が滅入《めい》ってしまうものだと思います。そうなると、些細《ささい》なことでもマイナス思考に拍車がかかり、愚痴《ぐち》や弱音が多くなる……。そして、そんな自分に嫌気《いやけ》がさして、やる気が起きなくなってしまうという悪循環にはまってしまいます。

愚痴は出せるときに出してしまわないと、負担が増すばかりです。一時的にでも、厳しい状況や暗い気持ちから離れることができるのならば、その気持ちを遠慮なく表現した方がよいでしょう。それは、決して情けないことではありません。人は、他の人の気持ちの度合いを測ったり、比べたりすることなどできません。〝あなた〟の苦しさは、〝あなた〟にとって大事なことであり、他の人と比べて軽いとか重いと言えるものではありません。

また、楽しいときやうれしいときですら、たったひとつ〝マイナス〟に感じられる出来事が起こるだけで、激しく落ち込んでしまうということもあります。その〝マイナス〟を、前向きにとらえられれば、きっとすべてが〝プラス〟に変わっていくとわかっていても、そう簡単にできることではありません。

いきなり思考の方向を変えることはたいへんですから、まずは小さな「楽しい」「うれしい」を貯めていくことから始めてみてはいかがでしょうか。たとえば、小さなノートを用意して、日常の些細な出来事を書き留めてみましょう。内容は、どんなことでもいいのです。それこそ飼っているペットのことや散歩したときに見つけた小さな花のことなどでもかまいません。ほんの少しでも心を動かされたこと、おもしろいなと思えたことを、貯金箱に小銭を貯めるようにして綴《つづ》っていくのです。

反対につらいことや嫌なことは、仏さまにきれいに洗濯していただくつもりで、書き綴ってみましょう。そのノートはきっと、〝あなた〟にとっては幸せの貯金箱であり、心のクリーニング屋さんにもなるものだと思います。

第6章

人間関係の悩み

「人と人は、わかり合えないものですね」

「わかり合えない」ことを「認め合う」ことはできます

人は言葉によって救われることもあれば、言葉によって傷つくこともあります。人はそれぞれに違い、求める答えや、かけてほしい言葉も人それぞれです。本当に困ったことがあって誰かに相談したときに、したり顔で自信満々に一般論を振りかざされたら、嫌悪感《けんおかん》を覚えてしまいますよね。

もしかしたら、人間の心の中には、もともとそういう性質が潜んでいるのかもしれません。他人やものに勝手にレッテルを貼り、もしくは自分の想像通りであると錯覚して、自分の色メガネで見てしまうことがよくあるようです。ですからお釈迦《しゃか》さまは、ありのままを見なさいと説いていらっしゃいます。しかしそれはなかなか難しいことですから、私も〝あなた〟もそれぞれに自分の色メガネをかけているということを心得ておきたいものですね。

相手のメガネを通した世界を見ることはできませんし、自分のメガネを通した世界を他の人と共有できているかといえば、それは大いに怪しいものです。どうもわかり合えそうにないなと、その人とのあいだに溝を感じているときに、「あなたのことはすべて理解してますよ」と、その人の色メガネを持ち出されては、かえって孤独感を深めてしまうことになりかねません。

しかし、人と人に「理解し合えない溝」のあることを認め合うことのできる仲間がいれば、その〝孤独感〟や〝生きづらさ〟という同じ景色を共有し、寄り添っていくことができるのではないでしょうか。それはあたかも、縁側に腰かけ、同じ景色を見ながら語り合うような姿なのかもしれません。

話し相手になって、ただ聞いてくれること、答えを求めるのではなく、また押しつけるのでもなく、自らを癒《いや》す力を引き出してくれる、そのような仲間がいることが、とても大切なことではないでしょうか。前向きな言葉や、気の利いた言葉より、孤独や生きづらさを共感し、ただ寄り添ってくれる相手との出会いが、〝あなた〟の生きる力を引き出してくれることもあるのです。

慈悲《じひ》の心が、人と人との深い谷を照らしてくれます

世間にはさまざまな人がいます。器用な人がいれば、そうでない人もいます。心ない言葉を投げかけ平然としている人もいれば、他の人の苦しみに自分の心を痛める人もいます。今の世知辛《せちがら》い世の中では、人間関係にビクつき、生きるのに不安がいっぱいだと思っている人も多いのではないでしょうか。

人の心の痛みはそれぞれで、本人以外にはとてもわかりそうにありません。けれど、わが子の痛みを自分の痛みのごとく感じる親のように、相手を「思いやる」想像力が生まれると、相手との垣根が取り払われます。「人のことを他人事とは思えない」という心を、仏教では『慈悲』と言うのかもしれません。『慈』とは〝マイトリー〟というインドの言葉を漢字にしたもので、〝ミトラ〟というのが語源です。ミトラには「友」「仲間」という意味があります。

『悲』は〝カルナー〟、あわれむ、情け、やさしさ、などの意味を持ちます。このふたつの言葉があわさった『慈悲』の心は、仏さまの眼差《まなざ》しです。

苦しみを誰かと分かち合えば半分になり、喜びを誰かと共にすれば倍になるように、『慈悲』の心にはときとして痛みが伴います。しかし、だからこそ、この心を持った人は、他人の幸せもわがことのように喜ぶことができるのでしょう。

〝人間〟とは〝人のあいだ〟とも読めます。他者を知ろうとすればするほど、その〝あいだ〟には、わかり合うのが難しそうな深い谷が横たわっていると思えることもしばしばです。しかし、相手を思いやる『慈悲』の眼差しがあれば、その深い谷底までを照らしてくれるのではないでしょうか。

人間関係では、お互いに相手の心を感じようと努力することが大切です。とくに、人々が不安の中で自分の殻に閉じこもっている現代においては、ご縁《えん》のあった方々と共に声をかけ合い、『慈悲』の心で支え合いながら生きていくことができるようになればと願わずにはいられません。

「どうしても、許せない人がいます」

マイナスの感情を、打ち明けてみませんか

「水戸黄門」というテレビ番組の主題歌は「人生楽ありゃ苦もあるさ」で始まります。『諸行無常《しょぎょうむじょう》』という言葉でも表されるように、人生には良いときもあれば悪いときもあり、うれしかったり楽しかったりするだけでなく、悲しくつらい思いをしなければならないことが、誰にでも必ず巡ってくるものです。

そんな人生を送る私たちにはさまざまな感情がわき起こります。喜んだり楽しんだりという前向きなプラスの感情だけではなく、悲しみや苦しみ、怒りといった後ろ向きなマイナスの感情もありますね。お釈迦《しゃか》さまは、何ごとも〝あるがまま〟に受け入れ、やすらかに過ごすことが悟りにつながるとおっしゃっていますが、それはなかなか難しいことです。

とくに人間関係のもつれで生じる感情のこじれはやっかいです。気持ちのす

れ違いだけでなく、相性が合わないとか、巡り合わせが悪いといったことから、怒りや憎しみが高じて、どうにもならなくなってしまう人がいます。そういった感情に身をまかせてしまうと、ときには「殺してやりたいほど憎い」と思ってしまうこともあるでしょう。宗教家としての私は、本来なら「そんなことを思ってはいけません」とたしなめなければいけないのかもしれませんが、そう思えてしまう感情を頭ごなしにケシカランと言うことはできません。もちろん、どんな方にも人を殺《あや》めてほしくはありませんから、どうかその感情を素直に打ち明けることのできる人や場所を見つけて、まずは気持ちを和《やわ》らげていただければと思います。

どういうわけか、悲しみや苦しみ、あるいは怒りや憎しみといったマイナスの感情を、誰にも言ってはいけないと思わせる風潮があります。けれど、そういった考えはつらすぎるし、必ずしも正しくはありません。つらい気持ちは誰かに聞いてもらうことで、和らげることができると言われていますので、どうか遠慮せずに、打ち明けるようにしてみませんか。

しばらくは、逃げていたっていいんです

ただ相性が悪いという説明だけではすまされないような、会って話をしたくないと思える人や、顔を見るのも嫌《いや》だと思えてしまう相手がいて、日々の暮らしが落ち着かなかったり、逃げ出したいと思ったりすることも、今の世知辛《せちがら》い世の中には決して少なくないようです。

学校や職場でのいじめという問題や、家庭内における虐待《ぎゃくたい》という話をお聞きすると、なんでそんなに不本意で苦い思いをしなければならないのかと、その不条理さに憤《いきどお》りを感じることもしばしばです。本当につらい毎日を過ごして、もう誰とも交流を持ちたくない、一歩も外に出たくないと考えてしまうことが、無理のないことに思えてしまいます。

私はそんな方とのご縁《えん》をいただくと、今は何も考えずにつらい場所から逃げ

てもいいのだとお話しています。自分ひとりの心がけや努力ではどうにもならない理不尽なことが、残念ですが、私たちの人生には巡ってくることがあるかもしれません。そういうときは、「急がば回れ」ということです。

しばらくのあいだは、理不尽なことから逃れることを優先してもいいんです。ただし、逃げることやこもることは、一般的に悪いことだと糾弾される社会ですから、ご自分の気持ちに素直にしたがうことは、じつはとても勇気のいることだと思います。けれど、何よりも大切なのはひとりひとりの〝いのち〟であり、ひとりひとりの人生です。

人は、何ごとも明るいほうへ、目立つほうへと目を奪われてしまいがちです。夜空に輝く月は気にかけても、昼間の月にはなかなか気がつきません。しかし、それは人の都合で目線が変わっただけで、月がなくなったわけではなく、その存在に違いはありません。いつかまた、夜空に輝く存在になるその日まで、つらいときには真昼の月のようにひそやかに過ごすという選択もまた、生きるということなのです。

「壊れてしまった関係を修復したい」

自分には、少し「ユルく」しませんか

人間は、いつかは必ずこの世を旅立つ存在ですから、どんなに愛する人とでも別れがやってきます。けれど、死別だけではなく生別する場合もありますね。仲違《なかたが》いした友人や、不仲になってしまったご夫婦など、別れは身近なものでもあります。関係を修復したいと思うこともあるでしょう。また、壊れゆく状況をどうにか改善したいと思うことがあるかもしれませんね。

それがご夫婦やご家族の問題であれば、他人が口を出せることではありませんし、外からはわからないさまざまなことが積み重ねられていることでしょう。世間一般の価値観や私たちひとりひとりの価値基準で、簡単に裁くことができるわけはありません。

しかし、当事者が心の方向性を定めるとき、気持ちがピンと張っていては、

たくさんある選択肢を見逃してしまうこともあるでしょう。そうならないためには、お互いに少しだけ「ユルす」ことをしてみませんか。この「ユルす」には、「緩《ゆる》す」という字を当てはめてみてください。本来はそのような言葉はありませんが、〝あなた〟自身の心を少し「緩く」して、自分に甘く、やさしくしてみるということです。そして同じように「緩い」心で相手の立場を受けとめてみませんか。

私たちは仏さまではありませんから、犯した罪をすべて「赦《ゆる》す」ことはできません。関係を修復するにも、離別をして新たな一歩を踏み出すにしても、多くの努力や苦労が必要になるでしょう。それでも、〝あなた〟が過度な無理をしては、これからのお互いの関係にも歪《ひず》みを作りかねません。

何よりも、〝あなた〟が自分自身にうそをつかず、いきいきと生きていかれる選択こそが、お互いのためにも、周りの人にとっても最善の選択であるのだと思います。その選択のために、まずは〝あなた〟の張りつめた心を「ユルし」、相手の立場も「ユルし」てみることから始めてみてはいかがでしょうか。

和《なご》やかな笑顔で接しませんか

人と人との交流があれば、好意を抱《いだ》くこともあれば、敵意を感じてしまうこともあり、私たちはお互いにそういったさまざまな感情を持たれている存在なんだということを、改めて覚えておかなければなりません。

人間関係がうまくいかないと感じたり、あるいは、人から嫌われているんじゃないかと気になっている方は、結構多いのではないでしょうか。できれば、人と人との関係は円満であってほしいと願うのですが、なかなかそうはいかないのが現実のようです。

もし〝あなた〟が、相手の人から好感を持ってもらえていないと感じ、それが気になっているのであれば、一度ご自分のお顔を〝鏡〟で眺めていただきたいと思います。さて、〝あなた〟は和やかな、いい笑顔をしていますか？

『和顔愛語《わげんあいご》』という言葉があります。『和顔』とは和やかな顔、『愛語』とはやさしい言葉です。和やかな笑顔と愛情のこもったやさしい言葉が、接する人の心をちょっぴり元気にしてくれるとも言われています。逆に「自分が、自分が」という思いが強すぎたとき、相手に見せる〝あなた〟の顔はこわばって見えてしまうのかもしれません。

ギクシャクしてしまった人間関係を完全に元に戻せるかどうかはわかりませんが、相手の人を和ませる〝あなた〟の温かな笑顔を見せられれば、そこから新たな関係を築くことができるかもしれませんね。

本当に大切な人、出会ってよかったと思える人ならば、その人のために自分は何ができるのかを考えてみるのもよいことではないでしょうか。大切な人に対していつでも笑顔でやさしくいられること、その相手の人にも笑顔が戻ること、そしてその笑顔の理由に、ほんの少しでも自分がかかわっていること、そんなことができたのなら、とても素敵なことではないでしょうか。

第7章

社会生活についての悩み

「社会に出るのが怖い……」

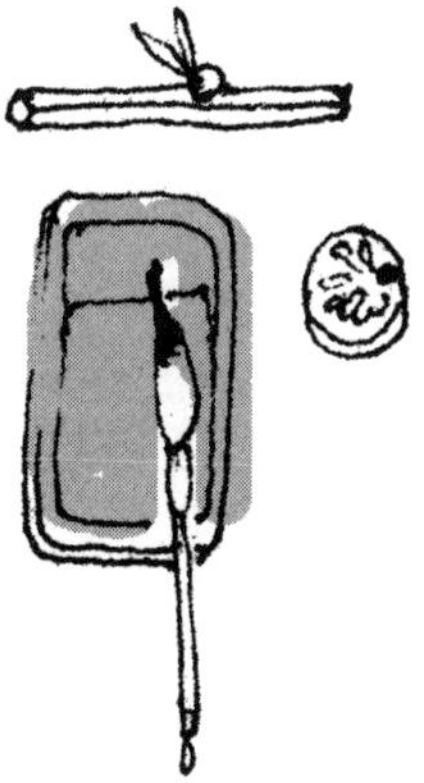

ひきこもっていてもいいんです

人は、自分と誰かを比べると、「今のままでいいのか」「このままではいけないのではないか」「他の人と比べて出遅れてしまっているのではないか」などと思ってしまいがちです。まじめでひたむきな人や、傷つきやすい人ほど、そんなふうに他人と自分を比べて自己嫌悪《じこけんお》になってしまう場合が多いようです。

けれど、人はひとりひとりその人の人生を生きているのですから、他人とことさらに比べる必要はありません。早い遅いのモノサシや、今の状態がいいか悪いかの判断は人それぞれ、それもタイミングや状況によっても変わるものです。

私は、ご自宅にひきこもっているという方とのご縁《えん》をいただいたとき、あるいは「何もかも捨ててどこかへ逃げたいんです」とおっしゃる方とのご縁をいただいたとき、まずそのお気持ちをお聞かせいただくようにしています。拙速《せっそく》に結論を出すよりも、ご自分がどうしてそう思うのかをしっかりと見つめてほしいと願うからです。

どんな人でも、常に全力投球で毎日を過ごしていては、いつか力が尽きてしまいます。そんなときは焦《あせ》らず悩まず、「今は休暇を取るべきときなのだ」と、ゆったり構えて心も身体《からだ》も骨休めをすればいいのです。その方法が、たとえばひきこもることであれば、そのあいだにじっくりご自分の気持ちと向かい合えれば、それでいいのではないでしょうか。

誰かと比べて不安になったり、焦ったりしてしまうのも無理のないことでしょう。けれど、「急がば回れ」という言葉があるように、長い人生のあいだには必ず休息を取るべきときがあります。そこでじっくり人生を考えたり、ご自分の気持ちと向き合い整理することは、とても大切なことです。

何よりも重要なのは、「誰かと比べていい人生」を送るより、「〝あなた〟自身が納得できる人生」を送ることなのですから。

私たちはみな、〝生きるチャンス〟を与えられています

私たちは生きるうえで、毎日数多くの選択をしています。ときにはその選択が失敗だったと落ち込んだり、どの道を選んでいいかわからずに立ちすくむこともあるでしょう。けれど、どんなに険しい山でも登り続けていればいつかきっと頂上にたどり着けるように、悩みながらも一歩一歩進んだり、戻ったりしながら時間をかけて進んでいけば、誰のものでもなく〝あなた〟にしか見ることのできない、すばらしい景色を見ることができるかもしれません。

新しいことを始めようとするとき、私たちは希望と共に、見えない先行きに不安を感じることがありますよね。けれどそれは、〝自分の生きる力〟で動き出す一歩だからなのです。その一歩を踏み出せることは、なんとありがたく、また、なんとうれしいことでしょう。

大きな視点で見れば、私たちはこの世に生まれるチャンスをご先祖さまからいただき、生きるチャンスを自然界や社会、家族からいただいています。「お前にも何かできるかもしれないよ」「お前だからこそできるかもしれないよ」と言われているように感じることがあります。そして、誰もがそのように願われ、生かされているのではないでしょうか。いいえ、〝生かされている〟と言われたら重く感じるかもしれませんが、〝活かされている〟と思えば、元気が出るかもしれませんね。

〝あなた〟が活かされる場所がきっとあるはずです。「あなたができることでいいんだよ」と誰かが支えてくれるはずです。ほんの小さなこと、手に届く未来のことでかまいません。〝あなた〟が今できること、今したいことを考えてみませんか。それだけでも、この本を手に取られる前の〝あなた〟からは、確実に一歩前進するのです。生きるチャンスをいただいている私たちが、未来を少しずつ考えること――それだけでも社会につながる大事な一歩になるのではないでしょうか。

「今の社会では、生きづらさばかりを感じます」

つらいときにはつらいと言える社会を目指しましょう

この世知辛《せちがら》い世の中では、残念ながら「私は私のままでいい」という考え方が通用しない場面も多くあります。社会の中では、ひとりひとりが状況によってそれぞれの顔で過ごし、程度の差こそあれ、本心とは違う振る舞いをしたり、無理をしたりしています。

社会が自分を守ってくれるという感覚も、残念ながら希薄《きはく》になってしまいました。そのせいでしょうか、昔はつらさや苦しさを家族や友人に気兼《きが》ねなく話せたのに、今は誰にも言えず、自分ひとりで悩みを抱えているという人が多いように感じます。

だからといって、この世の中の気忙《きぜわ》しい風潮に迎合すべきではありません。そんなことを余儀《よぎ》なくする世の中こそが不健全で、本来は正されるべきだと思うからです。

今のご時世は、立ち止まって思い悩んだり、苦しみと向き合ったりすることを許す余裕もありません。だからこそ、安心して悩みや苦しみを打ち明けたり、それを受けとめたりする〝場〟が必要なのではないかと私は考えています。よく「人に迷惑をかけてはいけない」と言われますが、いったい、人の世話にならないで生きていくなんてことがあるのでしょうか。

「お互いさま」と思い、支え合って過ごす生き方は、おそらく私たちみなが望んでいる世の中の姿なのでしょう。私の願いは、ひとりひとりが安心して悩むことのできる、ありのままで暮らせる社会に、少しでも変わっていってほしいということです。

〝あなた〟も、正直者が馬鹿を見なくてすむ社会、つらいときにはつらいと言うことができる社会、そして、その弱音や悩みごとを受けとめてくれる社会、そういう過ごし方のできる世の中を一緒に目指していきませんか。

自然があり、社会があり、私たちは生かされているのです

お釈迦《しやか》さまは、本来、『自我《じが》』というものはないとおっしゃいました。他の人と接したり、本を読んだり、いろいろ経験する中で、〝私〟の考えは常に変わり、心も身体《からだ》もすべてが移ろいゆくものであるということです。

また、移ろいゆくものとして、季節を感じ、大自然と対話していると、思わぬことに気づかされる場面がたくさんあります。

秋になると山々は次第に葉の色を濃くし、冷え込みが始まるとその紅葉した葉を無情に落としたあと、やがて大地が白い雪で覆《おお》われてしまいますね。けれど、その雪の下では春をむかえる準備が、刻一刻と進みます。草木にとって寒くつらい季節は、必ず芽吹く春を待つ大切な時間です。大いなる〝いのち〟のゆったりとした流れがそこにあります。

また、大木が倒れ、いずれ朽ち果てても、その養分を糧《かて》に新しい〝いのち〟が育《はぐく》まれます。草木が芽を出し、虫や動物の〝いのち〟につながっていくのです。つまり、大木の〝いのち〟が尽きたとしても、新しい〝小さないのち〟につながる自然界の〝大いなるいのち〟の流れの中にいるのです。

私たちは「これが私の〝いのち〟」「これが私の人生」と思っていますが、本当はみな、この〝いのちのつながり〟のように関係性を保ちながらかかわり合っているのです。「私がいて、社会があって、自然がある」と思うのは現代を生きる私たちの思い込みです。本来は、「自然があり、そこに社会が生まれ、私たちが生かされている」のです。

昔の人々はそのことをよくご存知だったのでしょうね。だからこそ、道端に小さなお地蔵さまを安置して、そっと手を合わせてこられたのだと思います。お地蔵さまに手を合わせながら、実は私たちが社会や自然に感謝するよう、そっと仕向けてくれているのではないでしょうか。

第8章 将来の不安を抱えての悩み

「うまくやっていけるのかどうか、心配です……」

今のご自分のお気持ちを大切になさってください

〝あなた〟は今、ご自分の置かれた場所や立場を、どう思っていますか。どこか居心地《いごこち》の悪さを感じていたり、「もっと何かできそう」「新しいことにチャレンジしてみたい」と考えている方もいらっしゃることでしょう。

仏教には『諸行無常《しょぎょうむじょう》』という教えがあります。あらゆることが移ろいゆくものであり、常に変化し続けているのですから、私も〝あなた〟も、あらゆる人が変わっていくのです。

何もかもが日々変化していくのがこの世界です。たとえ、今置かれた状況に満足している方も、いつか「これが本当に自分のやりたいことなのか」と疑問に思ったり、新しい道を探してみようと思い立ったり、転機をむかえることもあると思います。

それまでとは違う人生の選択肢に気づいたとき、私たちは戸惑い、不安を感じ、立ち止まります。なかなか決断できないこともあるでしょう。現状が居心地のよいものであればなおさらです。けれど、そのときの逡巡《しゅんじゅん》は決して無駄な時間ではなく、自分の思いとじっくり向き合える大事な時間なのです。

そのときに、思い切って一歩踏み出すことで新たな局面が生まれることもあれば、焦《あせ》らずにゆっくりと時間をかけて考えてみることで別の発見が生まれることもあります。どちらにしても、大切なのは、そのときそのときの〝あなた〟ご自身のお気持ちを大切にして、正直にしたがってみることではないでしょうか。

〝過去〟の積み重ねで〝今〟があるように、〝未来〟とは〝今〟の積み重ねであり、こうなりたいという将来を思い描いた瞬間から、そこに一歩近づいていきます。だからこそ、できれば自分の気持ちに素直になって、マイペースで一歩一歩〝今〟を踏みしめながら、希望する〝未来〟に向けて歩いていくことが大切なのではないでしょうか。

余裕をもって、〝あなた〟のペースで進めばいいのです

未来のことを考えたとき、私たちは希望と共に、不安も感じてしまうものです。経験したことのない世界へ飛び込むことは、いつだって勇気のいることですから。

そんなときに、ぜひ思い出していただきたいことがあります。

私たちは、いつも張りつめた気持ちで過ごしていると、困難に出合ったときには思わぬ〝怪我〟をしてしまう危険性があります。どんな状態でもそうですが、とくに緊張しているときに、よけいに心は張りつめてしまうもの。人はつまずくこともあるのですから、失敗したときのためにも、心の中に〝遊び〟を残しておくことが必要なのです。ここで言う〝遊び〟とは、車のハンドルやブレーキなどの〝遊び〟と同じ、つまり余裕のことです。

　では、どうすれば余裕が生まれるか……。さまざまなことが考えられますが、〝あなた〟を心配してくれる〝人〟がいると思うことが、余裕をもたらしてくれるのではないかと思います。この先、たとえ失敗やつまずきがあっても、話を聞いてくれる人がいる、味方でいてくれる人がいる――。新しいことを始めようと緊張しているとき、見えない未来を考えて不安になったとき、そう思うだけで心に余裕が生まれてくるのではないでしょうか。

　また、〝誰かと比べないこと〟も、心に余裕を生む秘訣《ひけつ》なのではないかと思います。人間はみな人それぞれですから、進んでいく速度も違います。違っていてよいのです。ですから、「あなたはあなたのままでいい」「みんな違っていていい」と思ってみてください。そう考えることで気持ちが楽になり、心の〝遊び〟がもたらされると思います。

　すべてが「こうなっていてほしい」という願い通りにうまくいくかはわかりませんが、〝あなた〟も、どうか心に〝遊び〟を持って、生き生きと〝あなただけ〟の人生を歩んでください。

「老いること、死ぬことが怖いです」

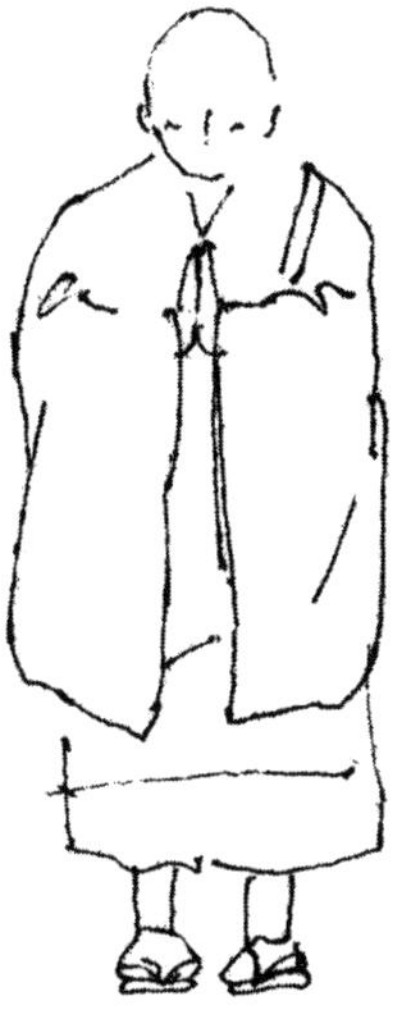

その日までに〃あなた〃は何ができるでしょう

人は必ずこの世を去らなくてはなりません。慌《あわ》ただしい現代社会では、そのような当たり前のことすら忘れてしまうほど、みな忙《せわ》しなく過ごしていますね。いいえ、もしかしたら、それはわかっていても、自分の〃死〃に関しては考えたくないというのが本音なのかもしれません。

お釈迦《しゃか》さまは「死をことさらに恐れるな」とおっしゃったそうです。死んだあとのことは誰にもわからないのだから、考えても仕方がない。知ることのできない死を恐れておびえるよりも、今、このときを一生懸命に生きよ、という意味だと聞いたことがあります。

自分の〃死〃という将来をしっかりと見据えたときに、人は本当の人生を生き始めるのかもしれません。いつか来る〃その日〃までに、今の自分が成すべきことやできること、つまり〝今を生きること〟に大きな意味を見出《みいだ》すことができるのではないでしょうか。

同じお釈迦さまの言葉に、『犀《さい》の角《つの》のようにただひとり歩め』という印象的な言葉があります。私たちは生きている中で、しがらみや常識、慣習という名の束縛を受けたり、周りの人に遠慮したり、振り回されることがあります。それは、他人に依《よ》って生きることになってしまい、自分らしく〝あるがまま〟に生きることにはなりません。だから、お釈迦さまは、孤独を感じつつも正しい志を持って進もうとする人を「ひとりでもいいじゃないか、私がついているよ」と励ましてくださっているのではないかと思っています。

お釈迦さまは、死は自然なことであり、死を恐れる心は生への執着から生じる苦しみだと悟られました。ですから、ご自分の死に臨んでも、とても落ち着いていたと伝えられています。お釈迦さまのように、死のその瞬間まで自分の〝あるがまま〟に過ごすことは難しいかもしれませんが、〝あなた〟らしい人生を、〝あなた〟のペースで進んでいただきたいと、私は願っています。

おわりに

「本を書いてみませんか」と初めて言われたとき、そんなことはとても無理だと思いました。

私は仲間の僧侶と一緒に、手紙による相談活動を日々行っています。ひとりひとりの抱える悩みはどれも違っていて、その都度どうすればいいのかを一から考えて返事を書いています。ですから、多くの人にとって共通して役に立つようなことは書けそうにないと思いました。また、相談の秘密は必ず守らなければなりませんので、事例として紹介することは決してできないわけです。

しかし、安心して相談できる窓口や悩みを打ち明けられる〝場〟が絶対的に不足していることは常々気になっていましたし、わざわざ誰かに「相談」しなくても、考え方の〝ヒント〟さえもらえれば自分で解決の糸口を見つけることのできる人が多いことも経験的に知っていました。

そこで、改めて考え直してみたのです。〝ヒント〟を示すことであれば私にも書けるのではないか。悩みについてもさまざまな想定を示せば、中には読んでいただく方の心に響く内容がひとつやふたつはあるのではないか。そうすることで、悩んで行き詰まってしまう前に、自分で悩みを解消させることのできる人も出てくるのではないか、と。

原稿執筆は「自殺対策に取り組む僧侶の会」の仲間と共に取り組みました。私たちの経験に基づき、日頃思っていることを出し合って、それをひとつひとつの話にまとめました。一般論ではなく、僧侶としての私たちの願いを表現しましたので、文中にはたとえば『仏さま』という言葉が何回も出てきたり、私たちが大切にしている仏さまの教えも紹介したりしています。

途中、原稿に書いた文章が、それまでに出した返事に似通っているとの指摘もありましたが、伝えたい内容が同じときに表現が似るのはある程度やむを得ないだろうと割り切り、多くはそのままにしてあります。

生きづらいと感じる人が孤立しないようにと願います。支え合い、助け合う社会を誰もが望んでいるのに、現実はますますかけ離れていくようで残念です。「自分さえ良ければいい」という間違った個人主義が横行しつつある現代社会だからこそ、「安心して悩むことのできる社会」を目指したいものです。悩みごとを安心して語って、それを受けとめてもらうことのできる社会です。「悩んでいいんだ」とみんなが一度立ち止まって、一緒になって考えるきっかけを、この本が提供できればと思います。

今回このような出版の機会を与えて下さったホリプロ出版プロジェクトプロデューサー駒村壮一氏、ならびに幻冬舎編集局藤原将子氏には、心から感謝申し上げます。

二〇一一年一月

著者

藤澤克己（ふじさわ・かつみ）

「自殺対策に取り組む僧侶の会」代表。1961年生まれ。早稲田大学（第一文学部）を卒業後、IT業界のサラリーマンとして約20年間勤務。92年に僧籍を取得。2005年から自殺対策のNPO活動に従事。電話相談員としても、死んでしまいたいという相談者の気持ちに寄り添う活動を行っている。その経験を活かし、07年5月、東京近郊の僧侶有志を募って「自殺対策に取り組む僧侶の会」を立ち上げ、代表に就任。09年5月、浄土真宗本願寺派安楽寺（東京都港区）第十七世住職を継職し現在に至る。

〈自殺対策に取り組む僧侶の会〉

「安心して悩むことのできる社会」を目指して活動する東京近郊の僧侶有志の集まり。2011年1月現在、8宗派44名の会員がいる。主な活動は次の三つ。

1. **手紙相談「自死の問い・お坊さんとの往復書簡」**
   自死に関する相談・質問を手紙（書簡）で受付け、手書きで返信
   宛先　〒108-0073　東京都港区三田4-8-20　往復書簡事務局
2. **自死者追悼法要「いのちの日　いのちの時間」**
   毎年12月1日に開催（開催要領は10月頃にホームページ等で）
3. **自死遺族の分かち合い「いのちの集い」**
   毎月（原則）第4木曜日、午前10:30～12:30　築地本願寺にて

ホームページ　http://homepage3.nifty.com/bouzsanga/

いのちの問答 〝あなた〟に届けたい話のお布施

二〇一一年2月25日 第1刷発行

著 者 藤澤克己
発行者 見城 徹
発行所 株式会社 幻冬舎
〒151-0051 東京都渋谷区千駄ヶ谷4-9-7
電話 03-5411-6211(編集)
電話 03-5411-6222(営業)
振替 00120-8-767643

印刷・製本所 株式会社 光邦

ISBN978-4-344-01957-7 C0095

幻冬舎ホームページアドレス http://www.gentosha.co.jp/
この本に関するご意見・ご感想をメールでお送りいただく場合は、comment@gentosha.co.jpまで。